Vleugels boven de Regte Hei

Dit boek is in samenwerking met de stichting Kinderen Lezen Techniek ontstaan.

Hans Petermeijer

Vleugels boven de Regte Hei

Met tekeningen van Joyce van Oorschot

 Zwijsen

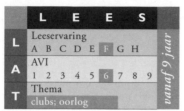

STICHTING NEDERLANDSE
KINDERJURY
2006

Toegekend door KPC Groep te 's-Hertogenbosch.

1e druk 2005

ISBN 90.276.6323.8
NUR 282

© 2005 Tekst: Hans Petermeijer
Illustraties: Joyce van Oorschot
Vormgeving: Rob Galema
Uitgeverij Zwijsen B.V., Tilburg

Voor België:
Zwijsen Infobock, Mcerhout
D/2005/1919/292

INHOUD

1. Eieren over het dak

Het is woensdagmiddag. De klok van de kerktoren slaat twaalf uur. Herman sluit de tuinpoort achter zich.

'Hoi pap,' roept hij.

Zijn vader is in de volière bezig. 'Ha jongen,' antwoordt hij. 'De hele middag weer vrij? Ga je iets leuks doen?'

'Dat weet ik nog niet, pap.' Herman lacht. Hij weet wat er nu gaat komen.

'Misschien kun je me helpen met de vogels,' zegt vader. 'De sijs moet verschoond worden en de merel wil graag lekker eten.' Hij kijkt Herman aan. 'Wil je dat doen?'

'Natuurlijk pap!'

Herman loopt naar het schuurtje. Daar staat een bak met zaagmeel, waarin de meelwormen zitten. De merel is er dol op.

Met een bakje vol komt hij terug. Dat schuift hij door het klepje van de kooi. De merel zit apart van de andere vogels. 'Hij maakt te veel ruzie,' had vader al meteen gezien. De zwarte vogel vloog toen nog maar net in de volière rond. Nu de merel alleen zit, zingt hij ook veel beter.

'Zo, vriendje,' zegt Herman zacht. 'Ga je gang maar.'

De merel beloont hem met een lang, trillend gefluit. Dan begint het dier druk te pikken.

Hoog in de lucht klinkt gebrom. Herman kijkt

omhoog. Een groep vliegtuigen trekt over. Door de zon ziet hij alleen de silhouetten.

'Die gaan naar Duitsland,' zegt zijn vader. 'Bommenwerpers, dat kun je zo wel zien.'

'Zijn het de Britten, pap?' vraagt Herman.

Zijn vader haalt zijn schouders op.

'Dat kan ik vanaf deze afstand niet zien. Iemand die verstand heeft van vliegtuigen, lukt dat misschien wel.'

Herman kijkt de vliegtuigen na.

'Hoe vliegt een vliegtuig eigenlijk, pap? En hoe kunnen vogels vliegen?'

'Nou, dat weet ik ook niet precies,' antwoordt vader. Hij krabt zich op zijn hoofd. 'Het heeft iets met druk te maken, dacht ik.'

'Met druk?' herhaalt Herman.

'Ja, met luchtdruk,' zegt vader. 'Een vogel duwt eigenlijk de lucht onder zich weg, en die lucht die drukt terug. Er is meer lucht onder zijn vleugels dan daarboven. Dus gaat hij omhoog. Bij een vliegtuig gaat dat net zo.'

Er komt een tortelduif overvliegen.

'Kijk maar naar die duif,' zegt vader. 'Hij slaat met zijn vleugels en gaat omhoog. En kijk …'

De duif maakt een sierlijke duik naar beneden. De vleugels heeft hij nog maar iets uitgespreid.

'Nu vouwt hij zijn vleugels voor een deel in. De luchtdruk is boven en onder bijna weer gelijk, en hij daalt.'

'En bij vliegtuigen dan?' Herman is nog niet tevreden.

'Andere keer,' zegt zijn vader beslist. 'Ik ga slapen.'

'Goed, pap,' knikt Herman. Zijn vader is bakker. Elke nacht om twee uur begint hij met zijn werk. Daarom slaap hij 's middags een paar uur.

'Denk je aan de sijs?' Vader wacht het antwoord niet af en gaat naar binnen.

Herman haalt een bak fijn zand uit de schuur. Daarmee verschoont hij de bodem van de kooi. Dan haalt hij door het deurtje het waterbakje weg. 'Stil maar, stil maar,' sust hij het sijsje. Dat hipt angstig heen en weer. De sijs is een klein, groen zangvogeltje. Elke morgen gaat vader luisteren naar de zang van de sijs. In de zomer neemt hij dan zelfs zijn kop koffie mee naar buiten.

'Oewaah, Manus!'

Herman lacht. Die stem kent hij. Hij zet het waterbakje neer en roept: 'Oewaah, Dré!'

'Kom eens het gangetje in!' is het antwoord terug. 'Ik heb mijn handen vol.'

'Ik kom eraan,' roept Herman.

Zijn vriend is de zoon van de kapper. Hij woont een paar huizen verder in de straat. André en hij zitten in dezelfde klas. Al jaren zijn ze vrienden.

Herman opent de poort. Dré staat met een eierdoos in zijn handen in het gangetje.

'Moet je kijken wat ik heb,' zegt hij triomfantelijk. 'Eieren! Ze zijn niet goed meer, anders had mijn moeder ze wel gehouden.'

'Ja en?' Herman begrijpt er niet veel van. Wat moet

Dré nou met die eieren?

'Nou, ik heb iets gehoord van mijn broer. En dat wil ik uitproberen,' zegt Dré geheimzinnig. 'Kom maar mee.'

Ze lopen het gangpad tussen de huizen uit. Even later staan ze op straat.

'Wat heeft Guus je nou verteld?' wil Herman weten.

De broer van Dré is een paar jaar ouder. Vaak komt hij met de wildste ideeën en plannen. Maar je kunt wel met hem lachen.

'Guus zei dat je een ei over het dak kunt gooien, zonder dat het breekt. Als je maar goed gooit! Nou, dat gaan we nu uitproberen.'

Dré pakt een ei uit de doos. 'Ik eerst,' zegt hij.

Hij loopt drie passen achteruit en gooit het ei omhoog. Met een plof belandt dat op het dak. De struif druipt over de pannen.

'Knappe worp,' lacht Herman. Nu pakt hij een ei. Dat gooit hij zo hoog en hard als hij kan. Het ei verdwijnt over het dak.

'Zullen we gaan kijken?' Herman is wel benieuwd naar het resultaat.

'Nee, eerst nog een paar proberen! Ik wil dat die van mij landen, als, als …'

'Als een parachutist?' vult Herman aan.

Dré knikt. 'Weet je nog, toen de oorlog begon? De Duitsers die toen landden bij het vliegveld?'

Herman knikt. Natuurlijk weet hij dat nog. Ze waren zelfs naar het vliegveld gefietst om te kijken. Gelukkig werden ze door agenten op tijd teruggestuurd.

—
11

Rond het vliegveld werd fel gevochten.

'Nou, die lui hadden een parachute. En dan nog maakten ze een flinke buiteling als ze op de grond kwa-'men.'

Dré gooit intussen gewoon door. Het ene ei na het andere verdwijnt over, maar vaker op het dak.

'Tja, Guus zei dat je, als je goed gooit …'

Dré kan zijn zin niet afmaken. De deur van de kapperszaak vliegt open en Dré's moeder verschijnt. Haar gezicht is rood. Rood van woede, weet Herman meteen.

'Als ik het niet dacht,' roept de kappersvrouw hard. 'Weer die twee apen! Mijn hele was is smerig. Ik snapte er al niets van, overal eierstruif!' Haar gezicht wordt nog roder. 'André, naar binnen jij! En jouw moeder spreek ik nog wel!' Dat laatste is tegen Herman gericht. Die krimpt in elkaar. Zijn moeder en die van Dré kunnen al niet goed met elkaar overweg. Laat staan als de kappersvrouw komt klagen …

Even later is hij weer in hun eigen tuin. Maar daar wacht hem een nieuwe ramp.

'O nee!' kreunt Herman, als hij de kooi van de sijs ziet. Het deurtje staat wagenwijd open. En de vogel is verdwenen …

2. VLIEGWERELD

'O nee!' zegt Herman opnieuw. 'Hoe kon ik zo stom zijn! Maar de sijs kan toch niet ver weg zijn? Hij kan niet vliegen!'

Toen vader de sijs kocht, was hij gekortwiekt.

'Dat zorgt ervoor dat hij niet kan vliegen,' had vader gezegd. 'Aan één vleugel worden de slagpennen weggehaald. De sijs kan dan alleen nog fladderen. Dat is makkelijk als iemand het kooitje open laat staan … Dan weet je dat de sijs toch nog in de buurt is. Maar dat gebeurt ons niet, hè Herman?' Bij die laatste woorden had vader gelachen.

Het is dus wel gebeurd, denkt Herman in zichzelf. En wat zal vader kwaad zijn, als hij het hoort. Juist de sijs! Maar dat beest moet toch ergens hier in de tuin zijn?

Wanhopig kijkt Herman om zich heen. Hij loopt de tuin in. Niets! Niet in het groentetuintje, niet tussen de maïskolven. Ook niet in de kersenboom. Waar is die vogel?

Herman wil de moed al opgeven. Maar ineens hoort hij iets. Zacht geritsel, achter in de tuin. Een vogel die naar voedsel zoekt!

Op zijn tenen loopt Herman naar achteren. Daar, onder de brem … Ja, dat moet hem zijn! Die groene kleur heeft alleen een sijs!

Maar wat nu?

'Het visnet,' zegt Herman hardop. 'Met het visnet kan

ik hem vangen!'

Hij loopt met grote stappen naar de schuur. Het laatste stuk rent hij. Even later is hij weer bij de brem. Het visnet steekt hij vooruit. Maar hij is te laat. Machteloos ziet Herman het sijsje verdwijnen tussen de planken van de schutting.

'Niet weer!' kreunt Herman. Snel opent hij de poort en ziet de vogel nog net verdwijnen in de tuin van een huis achter hen.

'Het huis van de oude juffrouw Visser,' mompelt Herman. 'Zouden er al nieuwe mensen in wonen? Vooruit maar, ik ken de tuin goed.'

Met snelle bewegingen klimt hij over de schutting. Vroeger deed hij dat zo vaak. Toen woonde juffrouw Visser er nog. En de aardbeien in haar tuin waren heerlijk …

Met een plof belandt hij op de grond. De tuin is verwilderd, er is lang niets aan gedaan. In de hoek zit het sijsje weggedrukt tegen de schutting.

'Tja jongen, nu heb ik je,' grijnst Herman. Snel steekt hij het visnet uit. Met een draai valt het net over de vogel.

Ik heb hem, juicht Herman in zichzelf. Wat een opluchting!

Voorzichtig haalt hij het sijsje uit het net.

Nu terug naar huis en snel! Hij zoekt de poort tussen de struiken. Die zat hier toch vroeger aan de zijkant? Maar de poort is weg.

'Dan maar terug over de schutting,' zucht Herman.

Hij gooit het visnet naar de andere kant. Dan probeert hij met één hand over de schutting te klimmen.

'Hé, jij daar!' klinkt het ineens achter hem. 'Wat moet jij hier?'

De struiken worden opzij geduwd. Er verschijnt een jongen, die boos naar Herman kijkt.

'Wat moet je hier?' herhaalt de jongen. 'En wat heb je in je handen? Heb je hier iets gejat? Laat zien!'

Herman laat zich op de grond zakken. Als het sijsje maar niets overkomt. Dat is nu het voornaamste.

'Ik heb niets gestolen,' zegt hij rustig, als hij voor de jongen staat. 'Onze sijs was weggevlogen. Ik zag hoe hij in jullie tuin glipte. Het spijt me. Als ik had geweten dat hier al iemand woont, had ik aangebeld.'

'Laat zien,' zegt de jongen kortaf.

Herman doet zijn hand naar voren. Het kopje van de sijs steekt uit zijn hand.

'Goed, ik geloof je,' zegt de jongen. 'Hebben jullie meer vogels?'

'Ja,' zegt Herman, 'wil je ze zien?'

De jongen knikt.

'Ga maar mee. Maar hoe komen we uit de tuin? De poort die daar zat, is weg.'

'Mijn moeder liet die weghalen,' zegt de jongen. 'Ik ben bang dat we over de schutting moeten. Door het huis gaan, vindt ze niet goed.'

'Geef me maar een opstapje,' zegt Herman. Met hulp van de jongen komt hij veilig in het gangetje terecht.

Even later staan ze bij de volière. Het sijsje zit alweer

in zijn kooi. Het vogeltje pikt druk naar het verse voer dat Herman hem heeft gegeven.

Herman wijst de vogels in de kooi aan.

'Kijk, dat zijn onze kanaries. Eigen kweek, mijn vader weet daar veel van. Dat daar is de putter, een echte druktemaker!'

'Wildvang zeker?' zegt de jongen. 'En die zebravinken, zijn die ook eigen kweek?'

Herman knikt. 'Je weet er best veel van. Zeg, hoe heet je eigenlijk?'

'Ik ben Tom,' antwoordt de jongen.

'Ik ben Herman. Mijn vrienden noemen me Manus. Waar komen jullie vandaan?'

'Uit Amsterdam,' zegt Tom.

'En je woont hier alleen met je moeder?' wil Herman weten.

'Ja,' antwoordt Tom nors.

Herman zwijgt even. Blijkbaar wil die Tom verder niets vertellen.

'Had je in Amsterdam ook vogels?' vraagt hij dan maar.

'Ik had postduiven,' zegt Tom. 'Maar die moest ik wegdoen toen we verhuisden.'

Hoog in de lucht klinkt gebrom. Een nieuwe groep vliegtuigen komt over.

'Postduiven kunnen hele afstanden vliegen,' zegt Tom, terwijl hij omhoog kijkt. 'Maar niet zo ver als die daar!'

'Wat zijn dat dan voor vliegtuigen?' vraagt Herman.

'Dat zijn nou de Vliegende Forten. De Amerikanen

—

16

vliegen daarin.'

'Hoe weet je dat? Ik bedoel, hoe kun je dat zien?' Herman kijkt Tom nieuwsgierig aan.

'Jij kent toch ook de vogels in je kooi,' zegt Tom. 'Ze hebben een eigen kleur en een eigen vorm. En ze maken verschillend geluid.'

'En ze vliegen allemaal verschillend,' vult Herman aan.

'Ze vliegen allemaal hetzelfde,' zegt Tom. Er verschijnt een lach op zijn gezicht. 'Vogels en vliegtuigen vliegen op dezelfde manier. Maar als je iets over vliegen wilt weten, heb ik wel boeken voor je.'

'Graag,' zegt Herman.

'Kom mee, dan haal ik ze even voor je.'

Tom loopt snel de tuin uit. Hij kijkt even over de schutting van zijn tuin. Dan klimt hij rap omhoog. Herman wil hem volgen, maar Tom schudt zijn hoofd. 'Wacht maar even,' zegt hij. 'Mijn moeder, weet je wel.'

Even later is Tom terug. Hij drukt Herman een stapel tijdschriften in de handen.

'Hier, lees maar,' zegt Tom. 'Als je meer over vliegen wilt weten, ik heb genoeg. Nu moet ik gaan. Misschien zie ik je morgen. Dag!'

Tom verdwijnt weer over de schutting. Herman kijkt hem verbaasd na. Dan bekijkt hij de tijdschriften.

'*Vliegwereld*,' leest hij hardop. 'Een blad voor de luchtvaart. Nou, ik ben benieuwd.'

Al bladerend en lezend loopt hij terug naar huis.

Uit de keuken komt een bekende stem. Een boze stem

—

ook … De stem van de kappersvrouw!

3. JUNKERS EN DAKOTA'S

Herman houdt zich stil. Hij drukt zich tegen de muur. Intussen luistert hij gespannen.
'Mevrouw Jansen!' hoort hij zijn moeder zuchten. 'Wilt u alsjeblieft zachter praten. Mijn man slaapt. Die moet om twee uur vannacht weer op!'
'Ja natuurlijk,' gaat de kappersvrouw door. 'Zachter praten, toe maar. En die eieren dan? En mijn goede was? Hoe zit het daarmee?'
'Mevrouw Jansen, Herman heeft geen eieren van mij gehad,' zegt moeder. 'Waar kwamen die vandaan dan? Van u?'
Herman hoort dat zijn moeder ongeduldig wordt.
'Nu heb ik het zeker nog gedaan? Die eieren had André van mij, ja,' moppert de kappersvrouw. 'Nou onze Dré is goed opgevoed. Als u dat maar weet! Die klimt niet over schuttingen van andermans tuinen!'
'Ik weet niet wat u bedoelt,' zegt moeder. In haar stem klinkt een boze tril. 'Ik zal er met mijn zoon over spreken. Dag mevrouw Jansen.'
Herman hoort hoe de kappersvrouw mopperend wegloopt.

Even later komt zijn moeder de tuin in.
'Herman,' zegt ze. 'Hier komen!'
Ai, denkt Herman, dit gaat fout. Bedremmeld staat hij voor zijn moeder.
'Ik weet niet wat jullie hebben uitgevoerd.'

Herman wil iets zeggen, maar zijn moeder gebaart hem te zwijgen.

'Wees stil jij,' zegt moeder beslist. 'Ik wil niet eens weten wat jullie deden met die eieren. Maar laat ik niet horen dat je in andermans tuinen zit! Ik heb maar eenmaal ruzie gehad hier. En dat was met die lieve juffrouw Visser. En jij weet nog heel goed waarom!'

Herman knikt. Die aardbeien …

'Goed, wat heb je daar?'

Herman laat haar de tijdschriften zien.

'Geleend van Tom, die nieuwe jongen van hierachter,' zegt hij snel. Gelukkig, de boze bui is voorbij!

'Wonen er dan al mensen in dat huis?' vraagt moeder. 'Nou, ik ben benieuwd. Heb je de vogels gevoerd?'

Herman knikt.

'Je werk voor school gemaakt?'

Herman kijkt naar de punten van zijn schoenen.

'Schiet op dan,' zegt moeder. 'Ga maar in de keuken zitten. Dat is gezellig, als ik aan het koken ben.'

Herman volgt haar de keuken in. De tijdschriften van Tom bergt hij op in zijn kamer.

Die avond gaat Herman vroeg naar bed. Hij wil lezen. En dat kan alleen als hij alleen is.

Herman trekt het verduisteringspapier voor het zolderraam. Dat papier is verplicht. Er mag geen streepje licht naar buiten schijnen. Al dat licht zou de bommenwerpers alleen maar de weg wijzen.

Even later ligt Herman gespannen te lezen. Zo veel verhalen, zo veel foto's! Sommige namen kent hij wel.

Zoals die van de Uiver. Met dat vliegtuig won de beroemde piloot Parmentier een grote vliegwedstrijd. Maar of het komt door het ingespannen lezen of door de vermoeidheid, Herman valt in slaap.

Als hij geroffel op de trap hoort, schrikt Herman wakker.

De deur zwaait open. Daar staat Theo, zijn oudere broer. Samen delen ze de zolderkamer.

'Zo broerlief,' zegt Theo met een brede grijns. 'Je bent aardig bezig geweest vandaag! Zomaar die arme mevrouw Jansen op stang jagen! Vertel eens, wat is er gebeurd?'

Theo werkt na school bij een fietsenmaker. Soms wordt het later. Dan eet hij op zijn werk.

Herman vertelt het verhaal van de eieren.

'Die Dré is zelf een ei,' zegt Theo met een brede lach, als Herman klaar is met zijn verhaal. 'Guus heeft hem goed voor de gek gehouden. Ik zal het hem morgen vertellen. Dat wordt echt lachen!'

Zoals Dré en Herman vrienden zijn, zo zijn Guus en Theo dat ook al jaren.

'Hé Manus, wat heb je daar?' Theo pakt de stapel tijdschriften op. *'Vliegwereld*'? Tof zeg, waar heb je die vandaan?'

Herman vertelt over Tom. Zijn broer luistert er maar half naar. Vol belangstelling bladert hij door het tijdschrift.

Even later zitten ze samen te lezen.

'Oef,' zucht Herman, als hij nog eens het verhaal over

de Uiver gelezen heeft. 'Wat had ik daar graag bij willen zijn! Eens kijken, wanneer was dat? In 1934!'
Hij sist tussen zijn tanden. 'Toen was ik net geboren. Of nog net niet! Eens kijken, ik ben nu negen jaar. Dus toen …'
'Toen was je er nog net niet,' lacht zijn broer. 'Ik wel! En iedereen was vol van die vlucht, dat weet ik nog goed! Overal hingen de vlaggen uit!'
Om de beurt vertellen ze elkaar de dingen die ze tegenkomen. Over de Duitse Junker bijvoorbeeld. 'In deze bommenwerper is alle apparatuur voorin geplaatst,' leest Theo voor. 'Daarom zit de gehele bemanning ook voor in één koepel.'
'Hier is een verhaal over een transportvliegtuig,' vertelt Herman even later. 'De Dakota. Zo noemen de Engelsen hem tenminste. Maar de Amerikanen …'
De broers lezen maar door, tot moeder er een einde aan maakt.

Midden in de nacht schiet Herman wakker. 'Ik wil vliegen,' zegt hij hardop. 'Maar hoe doe ik dat?'
Zijn broer antwoordt niet. Die maakt alleen een vreemd, pruttelend geluid.
'Vliegen,' herhaalt Herman nog eens. Dan valt hij weer in slaap.

4. De Club van Linke Loetje

De volgende dag kan Herman niet wachten tot de school uit is. Hij heeft Dré alles verteld over die nieuwe buurjongen. En over zijn eigen plan. Het plan om te gaan vliegen.
'Hoe wil je dat nou doen, Manus?' had Dré gevraagd.
'Dat weet ik nog niet,' was het antwoord van Herman.
'Maar ik denk dat Tom dat wel weet!'

Na school gaan ze direct naar het huis van Tom. Aan de voordeur aanbellen durven ze nog niet.
'Zouden de aardbeien al rijp zijn?' vraagt Dré. 'Weet je nog hoe lekker die waren?'
'Volgens mij zijn die planten weg,' antwoordt Herman. 'Ik heb ze tenminste niet gezien.'
De jongens lopen het gangpad in. Dré is als eerste bij de schutting. Hij trekt zich op en kijkt de tuin in.
'Ik zie niets,' zegt hij. 'Of ja, toch wel. Een jongen met donkere krullen. Is dat hem?'
'Ja, dat is hem,' zegt Herman. 'Ga weg jij, ik roep hem wel.' 'Oewaah, Tom!' roept hij hard.
Herman klimt een stuk de schutting op en kijkt er-overheen. Dan roept hij nog een keer.
Als Tom zijn richting uitkijkt, zwaait Herman.
Tom komt naar hen toe.
'Kom je buiten?' vraagt Herman. 'Ik bedoel, ga je iets doen met Dré en mij? Ik heb een plan.'
Tom knikt. 'Ik kom,' zegt hij.

Even later staat hij in het gangetje.

'We gaan naar mijn kamer,' zegt Herman. 'O, en dit is Dré van de kapper. Die woont in dat huis daar.'

Herman wacht niet af wat de twee jongens tegen elkaar zeggen. Hij gaat voorop naar zijn huis.

Als ze eenmaal op zijn kamer zitten, vertelt Herman over zijn plan.

'Ik heb al die bladen van je gelezen,' zegt hij. 'En jij moet ze ook lezen Dré! Ik wist niet dat vliegtuigen zo spannend konden zijn. En nu wil ik ook gaan vliegen. Of beter, ik wil iets gaan doen dat met vliegen te maken heeft.' Hij kijkt Tom aan. 'Maar ik weet eigenlijk niet zo goed wat we kunnen doen. Weet jij iets?'

Er valt even een stilte. Zowel Herman als Dré kijken Tom gespannen aan.

'Om zelf te vliegen moet je achttien zijn,' zegt Tom dan. 'Dus dat duurt nog een hele tijd. Maar er zijn wel clubs waarvan je lid kunt worden. De Jonge Meeuwen bijvoorbeeld. Die doen van alles wat met vliegen te maken heeft. Ze gaan …'

Tom kan zijn zin niet afmaken.

'Die club?' zegt Dré met afschuw. 'Dat is toch een club van de NSB. Die lui werken samen met de Duitsers! Met landverraders wil ik niets te maken hebben!'

Tom lijkt te schrikken van de felheid van Dré. Hij zoekt even naar woorden.

'Ik bedoel niet dat je van die club lid moet worden,' zegt hij dan. 'Maar er zijn niet zo veel andere clubs.

Voor de oorlog was dat anders. Tenminste, dat heb ik gehoord.'

'De oorlog is nu drie jaar aan de gang,' zegt Herman snel. 'Hoe het voor die tijd was, weet ik niet meer zo goed. Ik weet eigenlijk alleen nog hoe lekker chocolade was …'

Zijn grapje helpt. Zowel Tom als Dré moeten lachen. Tja, chocolade, dat is langgeleden!

'Nou, als er dan geen clubs zijn,' gaat Herman verder, 'dan beginnen wij er toch zelf een. Een club die te maken heeft met vliegen en vliegtuigen.'

'En wat doen we dan?' vraagt Dré.

'Nou euh,' begint Herman aarzelend. Hij weet het eigenlijk zelf ook niet.

'Ik weet misschien wel wat,' zegt Tom. 'Kijk, heb je deze advertenties gezien?' Hij pakt een tijdschrift en bladert het door. 'Hier, ik bedoel deze.'

Tom schuift het tijdschrift naar voren. Herman en Dré buigen zich over de bladzijde.

'Modelvliegtuigen,' leest Dré hardop. 'Een bouwpakket voor je eigen zweefvliegtuig. Elk model is op maat gemaakt en …'

'Dat is het!' Herman is direct enthousiast. 'We gaan vliegtuigen bouwen. Hoeveel kost zo'n pakket?'

Dré zoekt in de advertentie. Teleurgesteld wijst hij de prijs aan.

'Vergeet het maar,' zegt hij. 'Zo'n pakket kost minstens elf gulden! En dan heb je nog maar het kleinste model.'

Tom en Herman zwijgen. Nee, elf gulden, dat is te

veel!

'Laten we maar gaan voetballen op straat,' zegt Dré dan. 'Als we een voetbalclub gaan beginnen, hebben we alleen een bal nodig.'

Hij staat op en gaat naar beneden. De andere twee volgen hem.

Het idee van de vliegclub laat Herman niet los. Regelmatig bladert hij door de tijdschriften van Tom. Ook leest hij andere boeken van zijn nieuwe vriend. Boeken die Tom over de schutting aangeeft. Want in de tuin of in huis komen mag nog steeds niet van Toms moeder.

Op een avond praat Herman erover met zijn broer Theo.

'Kijk, om dit vliegtuigje gaat het,' zegt hij en hij wijst op de advertentie. 'De Vink, dat is het kleinste pakket.'

Theo leest de tekst aandachtig. 'Dat is niet gek,' zegt hij dan. 'En elf gulden, dat is ook niet zo veel, toch?' Theo gaat rechtop zitten. 'Ik zou dan liever deze hebben. Die lijkt me echt tof, moet je kijken!' Theo wijst op een andere advertentie. 'De Mentor, die is een stuk groter. Dan heb je ook wat!'

'Ja zeg, die kost veertien gulden,' zegt Herman. 'Hoe denk je dat bij elkaar te krijgen?'

'Hé, broertje lief,' zegt Theo lachend. 'Ik werk bij de fietsenmaker, weet je nog. Als ik in de vakantie nog meer kan werken, heb ik geld genoeg!' Hij kijkt Herman aan. 'En als jij zo graag wilt vliegen, ga je toch

ook werken! Doe klusjes, ga boodschappen doen voor mensen. Weet ik veel.' Theo legt het tijdschrift apart. 'Morgen schrijf ik het adres wel op,' zegt hij. 'Nu ga ik slapen. Doe jij het licht uit?'

Maar Herman is klaarwakker.

'Theo, nog even,' zegt hij. 'Meen je dat? Ga je dat vliegtuig echt kopen?'

'Ik wel,' antwoordt Theo. 'Zodra ik het geld heb. Dit heb ik altijd al willen doen.'

Verbaasd kijkt Herman zijn broer aan. Daar heeft hij nooit iets over gezegd!

'Zullen we dan samen een club oprichten,' vraagt hij. 'Een modelbouwclub?'

'Als je me nu met rust laat, vind ik het prima,' zucht Theo.

'Maar hoe moet die club dan heten?'

'Weet ik veel,' zegt Theo ongeduldig. 'Voor mijn part de Club van Linke Loetje. En nu gaan we slapen.' Theo draait zich om en even later snurkt hij.

Herman doet het licht uit. Maar het duurt een tijd voor hij slaapt. De Club van Linke Loetje! Maar wie moet hij nog meer vragen?

5. De Vink

De volgende dag heeft Herman het antwoord. Wie moeten er lid worden van de club? Makkelijk natuurlijk!

'Dré!' roept hij zijn vriend. 'We beginnen een club! Een modelbouwclub!'

'O?' zegt Dré verbaasd. 'Wie zijn er nog meer lid dan?'

'Tom natuurlijk! Die weet erg veel over vliegtuigen. En dan Theo en Guus. Die verdienen al wat geld. Dus zij kunnen zo'n bouwdoos nu al kopen. En als wij nu …'

Onderweg naar school legt Herman zijn plannen uit. Op het speelplein herhaalt hij alles nog eens enthousiast. Dan kijkt hij Dré aan.

'En wat denk je ervan?'

'Tof!' zegt Dré lachend. 'Een echte club! En die naam die houden we. De Club van Linke Loetje! Dat klinkt al net zo leuk als dat … Euh, hoe heet dat nou? Modelzweefvliegtuigbouw? Dat is een mond vol, zeg.'

'Gewoon modelbouw,' zegt Herman. 'Na school vragen we Tom. Daarna de anderen.'

Daar klinkt de schoolbel. De jongens gaan in de rij staan. Even later lopen ze de school binnen.

Om halfvier stormen Herman en Dré naar buiten. Even later klimmen ze tegen de schutting op van

Toms tuin.

'Oewaah, Tom!' roepen ze tegelijk.

De keukendeur gaat open en Tom komt naar buiten.

Dré wil al over de schutting klimmen, maar Herman houdt hem tegen.

'Niet doen,' sist hij. 'Dat mag niet van Toms moeder!'

'Ik kom eraan!' zegt Tom. Hij gaat het huis weer in en loopt om.

Een paar minuten later zitten de drie jongens bij de volière. Terwijl Herman de vogels eten geeft, vertelt hij over het plan.

'… En nu wilden we jou ook vragen,' besluit hij.

Tom bloost. 'Mag ik meedoen?' vraagt hij verrast.

'Nou graag zeg, dankjewel!'

Herman kijkt hem verbaasd aan. 'Nou geen dank, hoor,' zegt hij. 'Jij weet gewoon veel meer dan wij. Over vliegtuigen bedoel ik. Heb je ooit ook met modelvliegtuigjes gevlogen?'

'Ik heb er zelf één gebouwd!' antwoordt Tom trots. 'In Amsterdam, voordat …' Zijn gezicht betrekt even. 'Nou ja, voordat we hierheen kwamen,' zegt hij dan. 'Wacht maar, ik haal wel folders. En de doos heb ik ook nog.'

Tom staat op en loopt naar huis.

Dré kijkt hem na. 'Hij is wel aardig,' zegt hij dan. 'Maar er is iets met hem. Hij doet af en toe wel raar. Vind je ook niet?'

Herman knikt. Ja, er is iets met Tom. Maar wat?

Tien minuten later zitten de jongens op Hermans

—

kamer.

'Dit is de Vink,' zegt Tom. Hij laat de lege doos van het model zien. Daar staat een afbeelding van het vliegtuigje op. 'Met dit model kun je het beste beginnen. Het is het kleinste, maar je leert zo goed hoe je moet bouwen.'

'En het is het goedkoopste!' vult Herman aan. 'Ik zag de advertentie in dat tijdschrift van je.'

'Waar is dat vliegtuigje gebleven?' vraagt Dré.

'Dat vloog weg!' lacht Tom.

De twee anderen kijken hem verbaasd aan.

'Het vloog weg?' herhaalt Dré langzaam. 'Dat moet toch ook?'

'Liever niet op die manier,' zegt Tom. 'Het was pas de tweede keer dat ik ermee ging vliegen.

De eerste keer was gewoon in een park. Toen vloog de Vink maar een meter of tien. Maar de tweede keer ging het mis. We waren op de hei en de zon scheen. Mijn vliegtuigje kwam in een bel warme lucht terecht. Een thermiekbel, zo heet dat. Daardoor werd de Vink heel hoog de lucht in geduwd. Hij verdween uit het zicht. Waar hij geland is, weet ik niet. Misschien is hij wel in het IJsselmeer gevallen ...'

Herman kijkt hem met open mond aan.

'In het IJsselmeer? Kan zo'n ding dan zo ver vliegen? Er zit toch geen motor in?'

'Nee, maar dat hoeft ook niet,' legt Tom rustig uit. Hij gaat er eens goed voor zitten. 'Kijk, als de zon de aarde verwarmt, neemt de aarde warmte op. Dat voel je 's zomers toch aan de stoeptegels?'

Herman knikt. 'Maar hoe komt er dan zo'n bel? En zie je die ook?'

Tom schudt zijn hoofd. 'Die bel zie je niet. Maar als je echt vliegt, voel je hem wel. Vogels weten dat ook. Die zeilen zo in de warme lucht mee. En ze kunnen kilometers ver komen. Zonder met hun vleugels te bewegen.'

'En hoe komt die bel nou in de lucht?' wil Dré weten.

'Meestal laat de aarde de warmte los op het einde van de middag. Soms al veel eerder. Dat hangt ervan af.' Tom kijkt de anderen aan. 'Hebben jullie nooit pluisjes laten dansen boven de kachel?'

Herman en Dré knikken. Natuurlijk, dat kennen ze wel.

'Zo werkt thermiek dus ook. Mijn vliegtuigje was net als zo'n pluisje. Het werd hoog de lucht in meegenomen. Toen het uit de bel kwam, is het weggegleden. Een lange vlucht naar nergens...'

'Heb je het nooit teruggevonden?' vraagt Herman. 'Had je er geen adres op staan of zo?'

'Nee, jammer genoeg niet. Ik heb wel gehoord van jongens die zo hun model weer terugkregen. De volgende keer zorg ik ervoor dat mijn naam en adres erop staan. Reken maar!'

Tom haalt een stuk papier uit de doos. Dat vouwt hij open op de grond. 'Kijk, dit is nou de bouwtekening,' zegt hij. 'Denken jullie dat je dit kunt?'

Herman en Dré bekijken de tekening.

'Al die stukjes?' zucht Dré. 'Moet je die allemaal zelf in elkaar zetten? Nou moe ...'

'Het lukt ons wel,' zegt Herman snel. 'Dit ziet er gewoon ingewikkeld uit. Maar het zal toch wel meevallen?' Hoopvol kijkt hij Tom aan.

'Als je het eenmaal doorhebt, gaat het wel,' zegt die met een lach. 'Maar ik heb veel zitten zuchten, hoor!' Hij buigt zich over de tekening en begint uit te leggen.

Twee dagen later zitten er vijf jongens op het zolderkamertje. Herman en Theo, Dré en Guus, en Tom. Ze praten lang en veel. En Tom laat het bouwplan nog eens zien.

'Dus we hebben een club nu?' vraagt Herman voor de zekerheid, als Tom klaar is.

'Ja,' klinkt het tegelijk uit vier monden.

'Dan weten jullie wat je moet doen,' zegt Theo met een grijns. 'Hard werken en geld verdienen!'

'En jij dan?' vraagt Guus.

'Ik heb mijn model al besteld,' zegt Theo trots. 'Volgende week komt hij binnen! En dan zullen we eens zien!'

Een week later geeft de postbode een kartonnen rol af. Voorzichtig opent Theo de rol. Op het etiket staat het model afgebeeld.

'De Mentor,' leest Herman hardop. 'Deze is wel een stuk groter dan die Vink!'

'Ik begin meteen goed,' antwoordt zijn broer. Maar als hij de deksel van de doos schuift, valt zijn mond open. 'Moet je dit nou zien! Alleen latjes en stukken pitriet. Een rol papier. En een flesje met iets erin. Moet dit

een vliegtuig worden?'
Herman probeert de stukken te tellen. Al die onderde-
len. Moeten ze die in elkaar zetten? Gaat ze dat ooit
lukken?

6. Eerste vlucht

'Tja, Tom zei al zoiets,' zegt Herman aarzelend. 'Je kon beter eenvoudig beginnen.' Hij kijkt zijn broer aan. Toch wel sneu voor hem, denkt hij.

'Nou, dan moet ik wachten,' zegt Theo resoluut. Hij pakt de rol weer in. 'Laten we eerst maar eens zien hoe zo'n eenvoudig model moet worden gebouwd. Daarna beginnen we aan het grote werk! Aan deze Mentor.'

De volgende avond komt de club weer bij elkaar. Theo laat zijn rol zien. Ook de anderen zijn stil als ze al die latjes zien.

'Dat wordt een tijd wachten,' zegt Dré spijtig. 'Wel jammer, ik zou zo'n ding toch graag zien vliegen. Dan weten we ook dat we een echte club zijn.'

Herman denkt snel na. 'Dat kleinere model is veel goedkoper,' zegt hij dan. 'Als we nu eens botje bij botje leggen. Misschien kunnen we er dan samen een kopen. Er is ook een winkel in de stad. Daar verkopen ze deze modellen ook. Misschien willen ze iets van de prijs afdoen.'

'En waarom zouden ze dat doen?' vraagt Guus.

'Nou gewoon, omdat we daarna terugkomen' zegt Herman. 'En meer kopen.' Hij weet het eigenlijk ook niet.

'Goed plan,' zegt Tom. 'In Amsterdam kreeg je korting. Als je tenminste lid was van een club.'

'We kunnen stemmen,' stelt Theo voor. 'Wie is ervoor dat we samen een kleiner model kopen. Om het zo te leren?'

Vijf handen gaan de lucht in.'

'Mooi,' zegt Herman opgelucht. 'Over een week komen we bij elkaar. Dan tellen we hoeveel geld ieder heeft. Goed?'

Er klinkt een instemmend gebrom.

In de dagen daarna heeft Herman het druk. Hij doet boodschappen voor de buren. Hij brengt op zaterdag brood rond voor zijn vader. De andere jongens ziet hij weinig. Ze zijn allemaal bezig met klusjes.

Na een week komt de club weer bij elkaar. Iedereen legt zijn geld op tafel.

'Ik zal penningmeester zijn,' zegt Theo. Hij telt iedeis geld. Het bedrag schrijft hij op in een schrift. 'Heel goed,' zegt hij tevreden, als hij klaar is. 'Prima zelfs. Elf gulden en één kwartje. Zaterdag gaan we een Vink kopen. Waar zit die winkel, Herman?'

Op zaterdagmorgen fietsen de jongens naar de stad. De winkel is snel gevonden. *Speciaalzaak voor al uw modelbouw* staat er op de winkelruit. Veel is er in de etalage niet te zien.

Als ze hem nou maar hebben, denkt Herman. Hij trekt de deur open en gaat naar binnen. De anderen volgen hem.

'Heren, waarmee kan ik u helpen?' vraagt een man.

'We willen een model kopen,' antwoordt Herman.

'Een zweefvliegtuig,' vult Dré aan.

'De Vink, mijnheer,' zegt Theo. 'Hebt u die?'

'Ik heb niet veel meer jongens,' zegt de man. Hij wijst naar de bijna lege planken. 'Drie jaar oorlog, hè? Maar de Vink heb ik, geloof ik, nog wel. Die wordt in Nederland gemaakt. Eens kijken.' De man tilt wat dozen en rollen op. 'Ja, hier is hij! Voor allemaal één? Dat lukt helaas niet. Ik heb alleen de grote modellen nog.'

'Nee mijnheer,' zegt Herman. 'We beginnen pas. We hebben een eigen club opgericht.'

'Ja, en krijgen we nu korting?' wil Dré meteen weten. Zijn broer Guus geeft hem een stomp. 'Wat hij bedoelt is ...' Guus kijkt de anderen aan.

'We willen meer vliegtuigen kopen, mijnheer,' gaat Theo door. 'Eerst deze proberen. Kijken of het ons lukt. Thuis heb ik de Mentor staan. Maar die is nog te moeilijk voor ons.'

'En als het ons lukt, worden meer jongens lid,' zegt Tom. 'Dan verkoopt u nog meer!'

'Kijk eens aan,' lacht de man. 'Ik ga dus veel geld verdienen. Nou vooruit. De prijs is elf gulden. Maar voor jullie ...'

De jongens kijken hem gespannen aan.

'Zeven gulden. Is de koop gesloten?'

'Ja mijnheer,' antwoordt Herman haastig. De anderen knikken. Theo trekt zijn portemonnee. Plechtig legt hij het geld op de toonbank.

De man stopt dat in een laatje. 'Als jullie vragen hebben, kom je maar langs,' zegt hij. 'Zeker als je aan iets groters begint. Succes ermee!'

De jongens gaan de winkel uit. Buiten kan Dré een kreet niet onderdrukken. 'Tof zeg! Vier gulden korting! Dan hebben we al geld in kas voor de volgende!' 'Eerst deze bouwen,' zegt Theo rustig. 'Daarna zien we wel weer. Kom, we gaan naar huis.'

De rest van de dag zitten de jongens op het zolderkamertje. De bedden zijn opzij geschoven. Aan de muur hangt de bouwtekening van de Vink. Die van de Mentor hangt ernaast.

'Zo kunnen we vergelijken,' zegt Theo.

Al snel hebben de jongens in de gaten hoe het moet. Maar ook dat je niet met z'n vijven tegelijk kunt werken. Ze verdelen de klus. De vleugels apart, de romp ook. Zorgvuldig buigen ze stukken pitriet. Die lijmen ze vast op de latjes. Tegen de avond staat er een vliegtuigje. Nou ja, alleen het binnenwerk. Onderaan zit een klein haakje. Dat is om het vliegtuigje aan een touw op te laten.

'Morgen kunnen we het papier om de romp plakken,' zegt Tom. 'Eerst moet de rest drogen.'

'Ik denk het niet,' zegt Guus. Hij leest de handleiding nog eens. 'Hier staat het. De lijm moet vierentwintig uur drogen. Morgenavond is het dus pas zover.'

'Oké,' zegt Herman. 'Maandag na school gaan we verder.'

Die nacht slapen Herman en Theo in een rommelige kamer. Maar tussen hen in staat hun eerste model.

Op maandag zijn ze snel thuis. Het papier erop plakken doen de jongens samen. Niet op de zolderkamer, maar in de keuken. Vader en moeder komen om de beurt kijken.

'Moet dat nou vliegen?' vraagt moeder bezorgd.

'Knap werk, kerels!' is het commentaar van vader.

Aan het eind van de middag is het model geplakt.

'En nu?' vraagt Dré. 'Zijn we nu klaar?'

'Nog niet,' zegt Guus. Hij leest de handleiding voor.

'Spuit met een verstuiver water over het papier. Dat zal zich dan spannen.'

Theo spuit het papier nat. Dat is al snel droog.

'Beschilder het papier daarna met spanlak,' leest Guus verder.

Tom neemt dat werk op zich. Gespannen kijkt de rest toe.

'Het papier staat mooi strak!' zegt hij, als de lak droog is. 'Ons vliegtuig is af!'

'Klaar voor de eerste vlucht!' zegt Herman trots.

De jongens lopen naar een grasveld om de hoek. Voorzichtig gooit Theo het vliegtuig omhoog. Het glijdt langzaam naar beneden. Tien meter verder landt het zacht. De jongens klappen in hun handen.

'Vlucht gelukt!' zegt Herman trots.

Om de beurt gooien ze het model de lucht in. Steeds met hetzelfde resultaat. Een mooie glijvlucht. Maar wel een korte …

Dan gooit Dré nog eens. Een plotselinge bries doet het vliegtuigje afbuigen. Met een plof komt het op een rijdende auto terecht. De bestuurder heeft niets in de gaten. Herman gaat er direct achteraan. Als hij de hoek om gaat, ziet hij de auto stoppen. Een man opent de deur en een knappe vrouw stapt uit. Ze loopt recht op het huis van Tom af en gaat naar binnen. Herman kijkt haar met open mond na. Zou dat de moeder van Tom zijn?

'Hé , *du Kleine*,' zegt de man in het Duits. Hij kijkt naar Herman. 'Van jou?' Dan wijst hij op het vliegtuigje. Herman knikt haastig. De Duitser geeft hem de Vink terug en knikt even. Verlegen mompelt Herman een bedankje. Op dat moment komen de anderen om de hoek rennen.

Met het vliegtuigje in de hand loopt Herman naar hen toe. 'Wat een geluk,' zegt hij. 'Die man stopte op tijd. Anders waren we onze Vink kwijt geweest!'

De anderen lachen opgelucht. Alleen Tom kijkt Herman strak aan, maar die ontwijkt zijn blik. Hij weet niet wat hij moet zeggen.

7. Vleugels boven de Regte Hei

De kamer van Herman en Theo wordt clubhuis. De jongens komen er regelmatig bij elkaar. Ze lezen er tijdschriften. En ze maken er vooral veel plannen.

'Jouw vliegtuig vloog toch heel hoog,' zegt Herman tegen Tom. 'Hoe kreeg je hem de lucht in? Werd dat model meteen door de thermiek meegenomen?'

'Nee, ik kreeg hem omhoog met een touw,' antwoordt Tom. 'Net als een vlieger.'

'Maar een vlieger blijf je toch vasthouden,' zegt Dré. 'En jij raakte jouw model kwijt. Hoe kan dat dan?'

Tom pakt de Vink.

'Kijk, aan dit haakje komt een ringetje. Dat zit vast aan het touw.' Tom maakt een ringetje vast aan een stuk touw. De ring schuift hij om het haakje. Dan beweegt hij het vliegtuig schuin omhoog. 'Zolang hij omhoog gaat, blijft de ring zitten. Maar als het vliegtuig stil hangt, schiet het ringetje van de haak. Kijk maar.' Tom houdt het vliegtuig recht. De ring glijdt los. 'Zo vliegt de Vink veel langer. En als er dan nog thermiek is, is dat helemaal tof. Dan zweeft hij echt.'

'Maar dan moeten we wel veel ruimte hebben,' zegt Theo.

'Het voetbalveld?' stelt Dré voor.

'Is er geen hei hier in de buurt?' vraagt Tom. 'Daar heb je meer kans op thermiek.'

'Die is er wel,' zegt Theo. 'Weet je nog, Guus. Dat grote heideveld waar we vorig jaar waren. Met die

---

43

grafheuvels? Hoe heette dat ook alweer?'

'De Regte Hei,' zegt Guus. 'Maar dat is een eind fietsen! We zijn toen de hele dag op pad geweest.'

'Geeft niet!' roepen Herman en Dré tegelijk. 'We maken er een clubdag van!'

'Klinkt goed!' zegt Tom.

'Prima, dan gaan we zaterdag naar de Regte Hei,' beslist Theo.

'Tegen zo'n overmacht kan ik niet op,' zucht Guus. Een lach galmt over de zolder.

Die zaterdag vertrekken ze naar de Regte Hei. Hun broodtrommels zitten achter op de fiets. Ook heeft ieder een fles water mee. Om de beurt dragen ze de Vink.

Na een uur rijden zijn ze er.

'Het is al flink warm,' zegt Dré. Hij veegt het zweet van zijn voorhoofd. 'Is er nu ook al thermiek?'

Tom knikt. 'Kijk maar daarboven. Zie je die vogel?'

Een grote vogel zweeft in lange cirkels door de lucht. Hij beweegt zijn vleugels niet.

'Als hij het kan, kan onze Vink het ook!'

Om de beurt laten ze het vliegtuigje op. Een van hen houdt het model vast. De ander wikkelt het touw af en rent weg. Soms komt de Vink heel hoog. De ring schiet dan los en het vliegtuigje zweeft een eind. Vaker gaat het mis. Dan klapt de Vink al snel op de grond.

'Gelukkig dat hij stevig in elkaar zit,' zegt Herman.

'Dat komt door de spanlak,' zegt Tom. 'Die zorgt dat

hij tegen schokken kan.'

'Laten we gaan eten,' stelt Dré voor. 'Ik heb wel trek nu.'

'Nog één keer,' zegt zijn broer. 'Daarna houden we pauze.'

Guus trekt de Vink op. Het vliegtuigje stijgt hoger en hoger. Als het touw bijna recht staat, schiet de ring los.

'Wow!' roept Guus. 'Zo hoog is hij nog niet gekomen!'

Ademloos turen de jongens naar de Vink. Het vliegtuigje glijdt naar beneden en stijgt dan ineens.

'We hebben thermiek!' roept Tom. 'We moeten hem wel in de gaten blijven houden! Anders zijn we hem kwijt!'

Plotseling klinkt achter hen een zwaar gebonk.

'Een vliegtuig,' roept Theo, 'een bommenwerper!'

'Een Junker 88,' zegt Tom, 'een Duitser.'

Het vliegtuig maakt een cirkel en dan ...

'Pas op, ze gaan bombarderen!' roept Guus verschrikt.

De jongens zien hoe het bommenluik opengaat.

'Duiken,' gilt iemand.

Herman gooit zich plat op de grond. Hij ziet hoe een zwart voorwerp uit het vliegtuig valt!

'Een bom!' roept hij en klemt zijn handen tegen zijn oren. Maar de ontploffing blijft uit.

Herman krabbelt overeind. Ook de anderen komen omhoog. Tot Hermans verbazing staat Tom rustig te kijken.

'Niets aan de hand,' zegt die. 'Het was een oefenbom. En ze gooiden niet op ons. Een stuk verder ligt een oefenveld. Daar hebben ze op gemikt.'

De Junker draait en komt laag overvliegen. De jongens zien de bemanning duidelijk zitten. En tot hun grote verbazing zwaaien ze!

Herman kan het niet laten en zwaait terug. Ook de anderen wuiven. Dan verdwijnt het vliegtuig uit het zicht.

'De Vink!' roept Dré verschrikt. 'Waar is ons vliegtuig gebleven?'

'Die zweeft nog,' grijnst Tom. 'Kom, we gaan hem halen. Hij is bezig aan de landing.'

De jongens rennen achter de Vink aan. Die landt een heel stuk verder in een weiland. Een boer staat er lachend bij te kijken.

'Is dit geval van jullie?' vraagt hij. Hij pakt de Vink op. 'Beter dan die grote joekels van de Duitsers. Wat die laten vallen, kun je beter niet op je kop krijgen.'

'Was het een echte bom, mijnheer?' vraagt Theo.

'Nee jong, dan zou er van mijn land weinig over blijven,' antwoordt de boer. 'Het is gewoon een stuk beton. Ze oefenen hier wel vaker. Ginds hebben ze een vliegveld gebouwd. Niet echt natuurlijk. En erg geheim! Daarom weten wij het hier in de buurt allemaal ...' De boer grijnst. 'Hier is jullie vliegtuig weer. Succes ermee.'

Theo neemt de Vink aan. 'Bedankt,' zegt hij.

De jongens lopen terug. Onderweg praten ze druk.

'Dit was wel de verste vlucht,' zegt Guus trots. 'Dat

—

47

kwam natuurlijk door mij. Ik trok hem geweldig goed op.'

'Tof zeg, dat die lui zwaaiden,' zegt Dré. 'ik kon ze ook allemaal zien zitten.'

'Ze zagen natuurlijk wat we deden,' zegt Herman trots. 'Wij zijn ook een beetje vliegeniers. Net als zij!'

Dat het Duitsers zijn, kan hem nu even niet schelen.

Korte tijd later fietsen de jongens weer naar huis. Tom en Dré rijden voorop. Ze praten druk met elkaar.

Toch raar, denkt Herman. Hoe wist Tom dat nou van dat oefenveld? Hij had nog nooit van de Regte Hei gehoord.

's Avonds in bed ligt Herman te woelen.

'Theo,' zegt hij zacht.

'Ja,' bromt die terug.

'Hoe wist Tom dat de Duitsers aan het oefenen waren? En dat daar een oefenveld ligt? Hij komt hier helemaal niet vandaan. En die boer zei dat het allemaal geheim was.'

'Weet ik veel,' zegt Theo. 'Die boer wist het ook. Dus zo geheim is het niet. Misschien heeft Tom erover gehoord. Anders vraag je het hem zelf. Welterusten!'

Theo valt al snel in slaap. Herman blijft woelen. Er is iets met Tom, denkt hij. Maar wat? Ik vind hem aardig, dat wel. Maar wat weet ik nou van hem? Eigenlijk helemaal niets!

Het duurt lang voor hij slaapt …

8. VLIEGTUIG VERMIST

De volgende dagen heeft de Club van Linke Loetje het druk. De jongens bouwen aan de Mentor van Theo. Elke avond wordt er wel gewerkt. Maar het gaat langzaam.

'Dit is toch geen doen zo,' moppert moeder op een dag. 'Die kamer van jullie! Gewoon vreselijk. Ik durf nergens meer te lopen.'

Inderdaad, overal ligt wel iets. Latjes, pitriet, flesjes lijm.

'Als we nu eens het rommelkamertje leegmaken,' stelt vader voor. 'Dan slapen de jongens daar. En de zolder wordt dan echt een clubhuis.'

Herman kijkt zijn vader dankbaar aan.

Nog dezelfde avond worden de bedden verhuisd. Het is krap. Maar Herman en Theo hebben het er graag voor over.

De jongens hebben het ook druk met geld verdienen. Soms zo druk dat er van bouwen niets komt. Maar elk van hen wil een eigen vliegtuig. Hun avontuur op de Regte Hei heeft hen enthousiast gemaakt.

Er gaan dagen voorbij dat Herman Tom niet ziet. Eigenlijk vindt hij dat prima zo. Hij zou toch niets durven vragen.

Op een avond is de Mentor klaar. Het is een groot vliegtuig geworden. Veel groter dan de Vink. Herman plakt er een etiketje op. Daarop staat *De Club van Linke Loetje* en dan hun adres.

'Mooi,' zegt Theo trots. 'Zaterdag gaan we hem zijn doopvlucht laten vliegen.'

Die zaterdag is het prachtig weer. Weer gaat de club naar de Regte Hei.
'Een prachtige dag voor de eerste vlucht,' zegt Theo. Hij alleen draagt het model. Niemand anders mag eraan komen.
De eerste vlucht gaat mooi. De Mentor glijdt prima van de ring. Daarna maakt hij een lange glijvlucht. Om de beurt laten de jongens hem op. Het kost Theo moeite. Dat is wel duidelijk.
Tweemaal komt er een Junker over. Maar de jongens schrikken er niet meer van. En ze zwaaien enthousiast naar de piloten. Elke keer wuiven die ook terug.
'Laatste keer,' zegt Theo rond drie uur. 'We moeten op tijd terug zijn. Wie was aan de beurt?'
Herman steekt zijn hand op. 'Het is mijn beurt,' roept hij.
Hij trekt de Mentor op. Hoog in dc lucht komt het vliegtuig los. Het glijdt naar beneden. Maar dan …
'We hebben thermiek,' roept Dré als eerste. 'De eerste keer vandaag!'
De jongens volgen het vliegtuigje. Het stijgt steeds hoger. Herman knijpt zijn ogen dicht. De Mentor is nog maar een stip in de lucht.
'We raken hem kwijt!' roept Theo. 'Zo hoog! Waar gaat hij terechtkomen?'
Gespannen volgen de jongens de stip in de lucht. Maar dalen doet het vliegtuigje niet.

'Op de fietsen!' roept Guus. 'En erachteraan!'

Snel pakken de jongens hun fietsen. Ze rijden het zandpad af. Achter de hei liggen bossen. Nu zien ze helemaal niets meer. En als ze bij de weilanden komen, zien ze heel ver weg iets in de lucht hangen. Even nog, heel even. Dan is de Mentor verdwenen.

Herman ziet het gezicht van zijn broer. Die kijkt sip. Heel sip.

'We volgen hem,' zegt hij. 'Kom op!'

Theo schudt zijn hoofd. 'Nee, dat halen we niet. We moeten op tijd thuis zijn.'

'Moeder vindt het niet erg, als we later zijn,' zegt Herman. 'Ze houdt het eten heus wel warm.'

'Theo heeft gelijk,' zegt Guus. 'Dat eten is niet zo erg. Maar we moeten voor spertijd in de stad zijn. Als we de Mentor volgen, redden we dat niet. Als we hem al zouden vinden.'

Even is het stil. Bedrukt kijken de jongens voor zich uit. Spertijd, daar hebben ze niet aan gedacht. Voor acht uur 's avonds moet iedereen binnen zijn. Bevel van de Duitsers. Wie zich dan nog op straat waagt, krijgt problemen.

'Kom, we gaan terug,' zegt Theo. Hij keert zijn fiets en rijdt weg. De anderen volgen hem. Onderweg wordt er weinig gezegd.

Hun vliegtuig is vermist. Wat een ramp!

9. Een foto op de schouw

De dagen erna komt de club weinig bij elkaar. Af en toe stelt Herman voor met de Vink te gaan vliegen. Maar niemand heeft er echt zin in. Met de Mentor was het toch echter.

Theo gaat meer werken. 'Of ik een nieuw vliegtuig koop?' zegt hij tegen Herman. 'Dat weet ik nog niet. Ik zie wel.'

Op een vrijdag valt er een kaartje in de bus.

'Voor de Club van Linke Loetje,' zegt moeder verbaasd. 'Zijn jullie zo bekend?'

Herman grist de kaart uit haar hand. Snel leest hij de tekst.

'De Mentor!' roept hij blij. 'Hij is gevonden! Door een boer uit … Zo, wat ver weg!'

Dolblij rent hij naar buiten. Dit moeten zijn vrienden weten!

'Oewhaa, Dré,' roept hij. Maar hij krijgt geen antwoord. Dan maar naar Tom. Herman klimt tegen de schutting op. De tuin bij Tom is leeg. Maar de keukendeur staat open.

Even aarzelt Herman. Dan klimt hij over de schutting. Hij klopt op de deur en wacht. Het blijft stil.

'Zal ik …' mompelt Herman. Hij is nooit in het huis van Tom geweest. Maar dit is toch belangrijk!

Hij loopt de keuken door naar de woonkamer. Ook daar is niemand. Nieuwsgierig kijkt hij rond. Het ziet er heel anders uit dan bij juffrouw Visser. Op de schouw van de haard staat een foto. Een foto van een man in uniform. Hij heeft een jongen aan de hand. Maar dat uniform is Duits ... En de jongen is Tom.

Herman schrikt ervan. De vader van Tom is een Duitser? Iemand van de vijand?

'Misschien is het zijn vader niet,' zegt Herman hardop.

'Het is mijn vader wel,' klinkt een stem achter hem.

Met een ruk draait Herman zich om. Daar staat Tom. Even is het stil.

'Mijn vader was een Duitse piloot,' zegt Tom dan. 'En nu?'

Daarop weet Herman geen antwoord. Hij rent de kamer uit, terug naar huis.

Even later vindt zijn vader hem bij de volière. Herman zit stil naar de merel te kijken.

'Wat kijk jij sip,' zegt vader. 'Ik dacht dat je juist blij zou zijn. De Mentor is toch gevonden?'

Herman zegt niets. Zijn vader komt naast hem zitten.

'Wat is er? Ruzie of zo?'

Met horten en stoten vertelt Herman het verhaal. Dat hij van Tom eigenlijk nooit iets wist. Dat hij nooit bij hem thuis mocht komen. En hij vertelt over zijn ontdekking.

'Tja,' zegt vader. 'Dat is heel wat. Kijk, er gingen al wel verhalen rond. Wij hebben daar nooit iets over gezegd tegen jullie. Het waren verhalen over de moeder van Tom. Vooral de vrouw van de kapper is daar goed in. Dat weet je.'

Herman schiet in de lach. Ja, de moeder van Dré kan er wat van.

'Oorlog is iets vreselijks,' gaat vader verder. 'Tot nu toe hebben wij er weinig van gemerkt. Spertijd is lastig. We kunnen geen goede kranten meer lezen. We zijn niet meer vrij. Al dat soort dingen. Maar we komen er wel doorheen. Ooit is de oorlog voorbij.' Vader zwijgt even. 'Oorlog zet mensen ook tegen elkaar op,' gaat hij verder. 'Mensen die ooit vrienden waren. Tom was je vriend. Ook al wist je niets van hem. Dat vond je niet erg. Nu weet je meer. Maar ook niet alles. Denk er goed over na, Manus.' Vader streelt Herman even over zijn haar. 'Kom, we gaan de vogels voeren. En direct is het eten klaar.'

Herman volgt zijn vader naar de vogelkooi.

Aan tafel wordt druk over de kaart gesproken. Herman is er blij om. Hij heeft geen zin om over Tom te praten.

Theo reageert erg lauw op de kaart.

'Ik haal dat ding wel een keer,' zegt hij. 'Morgen moet ik de hele dag werken. Zondag ga ik met Guus naar het voetballen. Misschien worden we lid van die club. Een bal raak je niet zo makkelijk kwijt.'

'Hoe kun je dat nou zeggen,' zegt Herman boos. 'En onze club dan?'

'Eet eerst eens rustig,' maant moeder hem. 'Die boer woont ook nog eens heel ver weg. Wel dertig kilometer hiervandaan. Hoe wil je daar komen?'

'Op de fiets,' zegt Herman. 'Als Theo de Mentor niet

gaat halen, doe ik het wel. Zo'n goed vliegtuig! Hij heeft dertig kilometer gevlogen!'

Theo haalt zijn schouders op. 'Doe wat je niet laten kunt,' zegt hij. 'Ik ga niet mee. Vraag maar iemand anders van de club. Tom of Dré. Die gaan wel mee.'

Vader lacht. 'Dat lijkt me een prima idee,' zegt hij. En hij geeft Herman een knipoog. Die eet zwijgend zijn bord leeg.

In bed ligt Herman lang te woelen. De Mentor moet terug. Anders gaat de club verloren. En hij wil door-gaan met vliegen. Dat weet hij zeker.

Wie moet hij mee vragen? Dré of Tom? Dré is zijn oudste vriend. Maar Tom wist meer van vliegen. Van hem heeft hij het geleerd. En hen allebei vragen kan niet. Dan kan hij niet met Tom praten.

En ineens weet Herman het antwoord. Even later slaapt hij.

10. SPERTIJD

De volgende morgen is Herman vroeg wakker. Hij doet alles heel snel en staat een kwartier later buiten. Daar komt hij zijn vader tegen. Die komt terug van de bakkerij.

'Wat ben jij vroeg,' zegt vader. 'Wat ga je doen?'

'Ik ga de Mentor halen,' antwoordt Herman.

'Je gaat toch niet alleen?'

'Ik ga vragen of Tom meegaat,' zegt Herman.

Zijn vader knikt. 'Goed plan. Wees voorzichtig. En zorg dat je op tijd terug bent.'

Herman lacht en pakt zijn fiets. 'Dag pa,' roept hij nog en dan gaat hij de tuin uit.

Bij het huis van Tom belt hij aan. Boven gaat een raam open. Tom kijkt met een slaperig gezicht naar buiten.

'Wat is er?'

'De Mentor is gevonden,' zegt Herman kort. 'Ik ga hem ophalen. Ga je mee?'

'Ik ben er zo,' is het antwoord.

Even later fietsen de jongens samen weg. Het eerste stuk praten ze niet.

Dan zegt Tom: 'Heb je het verteld aan iemand? Van mijn vader bedoel ik.'

'Alleen aan mijn vader,' zegt Herman.

'Wat zei die?'

'Dat je mijn vriend was. Ook toen ik niets van je wist.

57

Nu weet ik wel meer. Maar niet alles.'

'Er is niet zo veel meer te vertellen,' zegt Tom. 'Mijn vader en moeder trouwden lang voor de oorlog begon. Vader was piloot. Bij de Duitse luchtmacht, want hij was Duitser.'

'Was?' vraagt Herman.

'Een jaar geleden werd hij neergeschoten,' zegt Tom. Er valt een stilte.

'Erg voor je,' zegt Herman. Iets anders weet hij niet te zeggen.

'Ja, ook voor moeder,' zegt Tom. 'Ze wilde niet meer in ons oude huis blijven. Een vriend van vader hielp haar aan werk hier. Op het vliegveld.'

'Is dat die man op wiens auto de Vink terechtkwam?' vraagt Herman.

'Ja, hij brengt haar vaak naar huis. Hij is ook een Duitser, maar erg aardig.'

'Ben je wel eens met je vader meegevlogen? In een echt vliegtuig?'

'Een paar keer,' zegt Tom. 'Dat was echt tof. Mijn vader was een heel goede piloot.' Tom kijkt trots. 'Hij leerde me ook zweefvliegtuigen bouwen. Zijn vliegkaarten heb ik bewaard. Die hangen op mijn kamer.'

'Dus zo wist je van dat nepvliegveld bij de Regte Hei. Nu snap ik het.' Hij kijkt Tom aan. 'Was je vader erbij toen je je vliegtuigje kwijtraakte?'

'Ja, dat was vlak voor …' Tom zwijgt. 'Nou ja, je weet wel. We gingen vaak samen weg. Mijn vader had ook een model gebouwd. Eén die tweemaal zo groot was als de Mentor.'

'O ja, en hoelang deed hij erover om die te bouwen? En...' De ene vraag na de andere buitelt over Hermans lippen.

Druk pratend fietsen de jongens door. De oude toon hebben ze weer gevonden.

Als ze een eind buiten de stad zijn, gaat het mis. Er klinkt een klap. Sissend loopt een band van Hermans fiets leeg.

'O nee, niet nu!' roept hij boos.

'Misschien valt het mee,' zegt Tom. 'Heb je plakkers bij je?'

Herman knikt. Maar als ze de band bekijken, ziet het er slecht uit.

'Die is niet te plakken,' zegt Herman somber. 'Nou geen Mentor dan. Theo moet hem zelf maar halen. We gaan terug.'

'Spring maar bij mij achterop,' zegt Tom. 'Dan hou jij je fiets vast. Ik rij wel.' Hij kijkt Herman aan. 'Tenzij ...'

'Tenzij wat?'

'Tenzij jij mijn fiets neemt. En de Mentor gaat halen. Dan loop ik wel met jouw fiets terug naar huis.'

'Je bent gek,' zegt Herman. 'Dat is een heel eind lopen.'

'Alles voor de club,' zegt Tom met een grijns. 'Die Mentor moet terug. Dat wil jij toch ook? En zo ver lopen is het niet. Een paar uur maar. Als je nu door-rijdt, haal je me misschien wel in.'

Herman aarzelt.

'Goed, ik ga,' zegt hij dan. 'En ik haal je wel in. Zeker weten!'

De jongens nemen afscheid. Herman fietst hard door. Maar na een uur moet hij stoppen.

'Ik moet rustiger aan doen,' mompelt hij in zichzelf. Herman rust even en drinkt wat water. Dan gaat de tocht verder.

Een paar uur later is hij bij de boer. Die ontvangt hem hartelijk.

'Je bent helemaal komen fietsen?' zegt hij. 'Dat is wel een eind! Kom binnen, ik zal het vliegtuig pakken. Ondertussen maakt moeder de vrouw een paar boterhammen voor je.'

Herman laat zich het brood goed smaken. De boer laat hem de Mentor zien. 'Ik was de koeien aan het melken,' zegt hij lachend. 'Ineens komt dit hier uit de lucht vallen. Ik schrok me wild!'

'Hij heeft ruim dertig kilometer gevlogen, mijnheer,' zegt Herman met volle mond. 'Het is een heel goed vliegtuig.'

De klok slaat. Drie uur! Herman schrikt ervan. 'Ik moet weg, mijnheer,' zegt hij gehaast. 'Ik moet op tijd weer in de stad zijn.'

'Dan kun je beter vertrekken,' zegt de boer. 'Kom nog maar eens terug, als je meer tijd hebt. Ik ben wel benieuwd naar die club van jullie.'

De boer en zijn vrouw zwaaien Herman na. Met de Mentor onder zijn arm begint hij aan de terugreis.

—

Als Herman de stad voor zich ziet, is het laat. 'Ik red het nooit op tijd,' zegt hij bij zichzelf. 'Hoe moet dat nu?'

Een kerkklok wijst halfnegen aan. De straten zijn verlaten. Het is spertijd!

Vlak bij huis komt Herman een Duitse legerwagen tegen. Die stopt. Een officier stapt uit en wenkt Herman. Bang fietst die naar de man. Zijn hart klopt ineens veel sneller.

'Mooi vliegtuig,' zegt de Duitser in goed Nederlands. 'Zelf gebouwd?'

Verbaasd kijkt Herman de man aan. Hij had iets heel anders verwacht. 'Samen met anderen,' hakkelt hij. 'We hebben een club, mijnheer.'

'Dus je bent ook vliegenier,' lacht de Duitser. 'Net als ik.' Hij wijst op een vlieginsigne op zijn uniform. 'Goede reis verder, heer collega.'

De Duitser salueert en stapt weer in zijn auto.

Herman fietst snel door naar huis.

Als hij de poort opent, vliegt de keukendeur open. Theo stormt op hem af.

'Waar was je? Moeder is vreselijk ongerust! Maar je hebt hem! Je hebt de Mentor terug!'

'De volgende keer ga je zelf maar,' grijnst Herman. 'Wat een tocht!'

In de keuken doet hij zijn verhaal.

'Jongen toch,' zegt moeder. Zijn vader lacht goedkeurend. En Theo, die zegt niets. Die zit alleen maar naar de Mentor te kijken.

Voor Herman is dat meer dan genoeg.

—

11. Tentoonstelling

De zomervakantie begint. De jongens klussen overal. Ieder wil een eigen vliegtuig. Aan het einde van de vakantie heeft iedereen genoeg geld.
Bijna elke zaterdag fietsen ze naar de Regte Hei. Ieder met een modelvliegtuig onder de arm. En dat valt natuurlijk op. Er komen jongens kijken. Sommigen worden lid van de club. Op zaterdag staan steeds meer jongens op de Regte Hei. De Duitse Junkers maken vaak ecn extra rondje boven de hei. Iedereen zwaait dan.

Een jaar later telt de club vijftien leden. De zolderkamer is nu te klein geworden. Ook de naam wordt veranderd. Eerste Model Bouwclub heet hij nu.
Maar dan komt de oorlog dichterbij. In september 1944 zitten Herman, Dré en Tom samen op het dak van het huis. Met verbazing zien ze tientallen vliegtuigen overkomen.
'Dakota's,' zegt Dré. Ook hij kent de meeste vliegtuigen nu wel bij naam. 'Maar wat zijn die vliegtuigen die erachter hangen?'
'Zweefvliegtuigen,' zegt Tom. 'Dat kan niet anders. Er zullen wel soldaten in zitten.'
'Maar waar gaan ze heen?' vraagt Herman. Niemand weet het antwoord.
Pas later wordt duidelijk wat er gebeurt. De geallieerden proberen een snel einde aan de oorlog te maken.

Maar het plan mislukt …

Een tijd later komt de club weer bij de Regte Hei aan. Maar enkele agenten houden de jongens tegen.

'Jullie kunnen niet verder,' zegt een van hen. 'De Duitsers hebben mijnen gelegd op de hei. Ze verwachten een aanval. Ga maar terug naar huis. Dit gebied is nu voor iedereen te gevaarlijk.'

Teleurgesteld gaan de jongens terug. Maar Herman voelt ook iets van opwinding.

'Zou het dan echt gaan gebeuren?' zegt hij tegen Theo. 'Dat de Britten en Amerikanen komen? Dat we vrij zijn?'

'Ik denk het wel,' antwoordt Theo. 'En wij gaan het volgen. Kijk eens hier …' Hij maakt een doos open. Herman ziet een kastje met wat knoppen.

'Wat is dat?'

'Een radio,' zegt Theo. 'Ik heb hem geruild. Tegen de Vink … Daar vlogen we toch nooit meer mee. Nu kunnen we de oorlog volgen.'

Elke avond luisteren de broers naar de Engelse radio. Op een kaart tekenen ze waar de geallieerden zitten.

In oktober is het zover. De stad wordt bevrijd. Een tijd later is heel het zuiden vrij. Maar boven de rivieren zijn de Duitsers nog de baas.

Ook de club merkt daar iets van. Op een dag wil Dré een nieuw model kopen. Hij heeft er lang voor gespaard. Herman en Tom gaan mee.

'Sorry, jongens,' zegt de verkoper. De man wijst op de lege planken achter hem. 'Ik heb niets meer. Jullie vliegtuigjes worden gemaakt in Utrecht. En ik krijg nu niets meer binnen. Trouwens, vliegen kunnen jullie nu toch niet meer. Ik hoor dat overal te veel oorlogstuig ligt. Blijf weg van de heide. Het is er te gevaarlijk.'

Drie dagen later komt Tom binnenstormen.
'Er is een Brits vliegtuig hier vlakbij geland,' roept hij opgewonden. 'Een noodlanding! Ga je mee kijken?'
Herman en Dré fietsen met hem mee. In een weiland ligt het vliegtuig. Er staat een soldaat op wacht.
'Wat doet u hier, mijnheer,' vraagt Herman.
'Er liggen nog een paar bommen,' zegt de man. 'Die worden straks gehaald. Voor die tijd mag er niemand bij komen. Daar zorg ik voor.'
'Wat gaan ze ermee doen?' wil Dré weten.
'Die bommen? Die laten ze ergens ontploffen, denk ik.'
'En met het vliegtuig?'
'Dat wordt sloophout,' zegt de soldaat met een grijns. 'Als je er iets van kunt gebruiken, kom je morgen maar terug.'
'Is dat allemaal hout dan?' vraagt Dré verbaasd. 'Ik dacht dat het metaal was.'
'Let maar op,' zegt de soldaat. Hij geeft een trap tegen een vleugel. De stof scheurt. Uit het gat steekt dun hout.
'Mogen wij daar een stuk van?' vraagt Herman snel. 'Dat kunnen we goed gebruiken.'
'Je gaat je gang maar,' bromt de soldaat. 'Als je maar uit het vliegtuig wegblijft.'

Herman begint stukken hout los te peuteren.

'Wat moet je daar nou mee?' vraagt Tom.

'Dit hout is bijna net zo dun als van onze modellen,' zegt Herman. 'Misschien kunnen we hier genoeg uithalen om zelf iets te bouwen.'

De anderen helpen hem direct.

Een tijdje later gaan ze weer naar huis. Elk met een stapel latjes onder de arm.

Die avond zijn ze met drieën op de zolderkamer. Ze bouwen zoals vroeger. Theo steekt zijn hoofd om de deur.

'Lukt het, mannen?' vraagt hij.

'We zagen eerst de latjes op maat. Daarna gaan we verder,' zegt Herman.

'Hum,' klinkt het. 'En hoe plak je die stukken vast? Er is bijna geen lijm meer. Lak ook al niet. Ook niet in de winkel. En papier? Willen jullie krantenpapier gebruiken? Lijkt me niet zo'n goed idee. Er wordt regen verwacht …'

En weg is Theo.

Somber kijkt Herman de anderen aan. 'Hij heeft gelijk, helaas,' zegt hij. 'We kunnen hier niets mee.'

'Dat kunnen we wel,' zegt Tom nadenkend. 'Mijn vader maakte vroeger vliegtuigjes voor me. Niet de modellen van later. Maar gewoon van latjes. Net zoiets als die papieren vliegtuigjes.'

'Hoe deed hij dat dan?' vraagt Dré.

'Dat weet ik niet meer precies,' zegt Tom. 'Ik was toen nog heel klein. Maar we kunnen toch zelf iets bedenken?'

De rest van de avond zijn ze druk bezig. De jongens tekenen en knutselen. Ten slotte gebruiken ze hun laatste lijm. En dan staat er een klein vliegtuigje.

'Morgen proberen we hem uit,' zegt Herman. 'We noemen hem de Herdreto. Of zo ...'

En de volgende dag maakt het model zijn eerste vlucht. Niet een vlucht als de Vink. En zeker niet als de Mentor! Maar vliegen doet hij!

'We zijn echte vliegtuigbouwers geworden!' zegt Tom tevreden. 'We zijn geslaagd!'

Met een grijns werpt hij het vliegtuigje opnieuw in de lucht.

De jongens gaan regelmatig terug naar het weiland. Elke keer pulken ze daar stapels hout los. Tot het toestel ten slotte door het leger wordt opgeruimd.

In mei is de oorlog voorbij. In de weken daarna komt het vervoer langzaam op gang. Ook in de winkel voor modelbouw is weer voorraad.

Glimmend toont de verkoper het nieuwste model. 'Tweemaal zo groot als de Mentor!' zegt hij. 'En ook tweemaal zo duur, helaas. Maar misschien als jullie weer botje bij botje leggen? Deze komt uit Amerika. In Nederland heeft zoiets nog nooit gevlogen!'

'Zet hem maar apart!' zegt Theo direct. 'We bedenken wel iets.' Herman kijkt zijn broer verbaasd aan. Hoe denkt hij nou toch aan geld te komen?

Die avond roept Theo de oude club bij elkaar. Alleen

hijzelf, Herman en Guus, Dré en Tom dus.

'Wij zijn de club begonnen,' zegt Theo plechtig. 'En sinds die tijd zijn we veel groter geworden. Nu we weer vrij zijn, komen er misschien meer mensen bij. Willen we dat?'

De anderen knikken. Natuurlijk, hoe meer zielen …

'Guus en ik zijn vorige week naar een tentoonstelling geweest. Dat was van de padvinders. Het was er stikdruk. Je moest een kaartje kopen. Er waren ook spullen te koop. Al het geld is voor hun club. Nou, als wij ook eens zoiets doen? Dan krijgen we meer leden en …'

'En genoeg geld voor dat Amerikaanse vliegtuig!' roept Herman enthousiast. 'Wat goed, zeg! Wanneer doen we dat?'

'Wacht even,' zegt Dré. 'Allemaal prima, hoor. Maar wat wil je nou laten zien dan? We hebben niets!'

'We hebben onze modellen,' zegt Theo.

'Veel foto's,' zegt Guus.

'De bouwtekeningen,' vult Herman aan.

'En … We hebben een eigen model gemaakt,' zegt Tom trots. 'Met het hout van dat neergestorte vliegtuig. Daar hebben we nog veel van over. Als we nu eens …'

En hij begint zijn plan uit te leggen.

Een maand later is de tentoonstelling. Midden in de stad vinden de jongens een lege loods. Die mogen ze gebruiken.

'Als je de zaak maar opruimt,' bromt de eigenaar.

—

68

Aan de muur hangen bouwtekeningen. Er zijn vellen vol foto's. En natuurlijk staan hun eigen vliegtuigen er.

Tom, Herman en Dré staan achter een tafel. Zij verkopen een bouwpakket. Hun eigen Herdreto! Ze zijn er snel doorheen ...

Aan het einde van de dag telt Theo het geld. 'Geweldig!' zegt hij. 'We kunnen nu wel twee van die grote modellen kopen!'

'Zoiets had ik al gedacht,' klinkt een stem. Het is de verkoper van de winkel. 'Ik was hier vanmiddag. Toen was het al erg druk. Dus ik dacht ...' Hij geeft Theo een grote rol. 'Ik dacht dat ik jullie maar te vriend moet houden. Jullie zijn een grote club nu. Allemaal klanten voor mij dus!' Hij lacht. 'Laat me weten, wanneer jullie klaar zijn. Ik wil de eerste doopvlucht zien!' De verkoper draait zich om en loopt weg. 'Dat wordt me een werk,' mompelt Theo.

'We beginnen morgen!' zegt Herman. 'In groepen van twee. Nieuwe leden mogen kijken.'

De anderen knikken. Dit gaat hun wel lukken.

'En dan nu maar iets te drinken, heren?' Vader staat in de deuropening. Hij heeft een paar flessen Coca Cola in de hand. Het drankje van de Amerikanen.

'Ik wil proosten op de Club van Linke Loetje. Komt dat gelegen?'

Meer hoeft hij niet te vragen. De gezichten van de jongens zeggen genoeg!

Waarom ik dit boek schreef

Twee jaar geleden verhuisde mijn vader. Bij het opruimen kwam ik een doos vol foto's tegen. Foto's uit de jaren dertig en veertig. Op enkele van die foto's waren jongens te zien met vliegtuigen in hun hand. Wat voor vliegtuigen dat waren wist ik niet. Maar op de achterkant stond altijd hetzelfde jaar: 1943. En op de achterkant van een van die foto's stond met potlood geschreven: *De Club van Linke Loetje.*

Ik werd nieuwsgierig. Wat was dat voor een club? En wie waren die jongens?

Ik vroeg mijn vader ernaar en die vertelde zijn verhaal. Over een groepje jongens die samen modelvliegtuigen bouwden. Die vliegtuigen lieten ze vliegen boven de Regte Heide, een heideveld ten zuiden van onze stad. Daar werden ze vaak gegroet door de bemanning van Duitse bommenwerpers.

Toen mijn vader uitverteld was, wist ik genoeg voor een boek. En het is dit boek geworden. Ik hoop dat jullie het met plezier hebben gelezen.

HANS PETERMEIJER

 Ik ben in 1954 geboren in Tilburg. Toen ik nog een kleuter was, lazen mijn ouders me vaak voor. Vooral uit mijn lievelingsboek over Pinokkio. Soms probeerde mijn vader te smokkelen en sloeg regels over. Dan greep ik in en gaf hem een por in zijn zij. Ik kende het verhaal namelijk van buiten. Uit die tijd dateert mijn liefde voor boeken.

Mijn eerste kinderboek, *De vlucht van de valk*, verscheen in 1992 bij Uitgeverij Zwijsen.

Mijn historische verhalen wissel ik vaak af met eigentijdse verhalen. Vaak gaan die over de belevenissen van mijn twee dochters. Ooit heb ik ze moeten omkopen. Ik wilde een verhaal schrijven over verliefdheid en vroeg om hulp. De meiden zaten op de basisschool en waren vaak verliefd. Maar mij daarover iets vertellen? 'Echt niet pap ...'

Dus beloofde ik hun een euro voor elk verhaal. En na een dag kon ik vlot mijn boek schrijven. Zo veel verhaaltjes wisten ze te vertellen!

Zouden ze dat nu nog doen? Ik denk het niet ...

MIRJAM OLDENHAVE

Sleutelgeheim

Jim en Roxy zijn op weg naar het politiebureau. Ze
moeten een interview houden voor de schoolkrant.
'Ik stel de vragen en jij houdt de microfoon voor zijn
neus,' zegt Jim.
'Ónder zijn neus,' zegt Roxy. 'En trouwens, waarom …'
Ineens houdt ze haar mond.
Vlak voor hen valt een man flauw. Met zijn laatste
krachten grijpt hij Jims hand en drukt er iets in.
'Niet naar de po …,' fluistert hij. Dan zakt hij weg.
Jim staart naar zijn hand. Er ligt een sleuteltje in.

Met tekeningen van Kees de Boer

TAIS TENG

Rechtsaf bij volle maan
Met Herman hoeft Fred zich nooit te vervelen.
Wat denk je van een skatewedstrijd mct trollen en de
verliezer wordt opgegeten?
Een babyrobot die bliksems spuugt?
Een oprit vol edelstenen?
Een draak in je jampotje?
Rappende rotdwergen in je achtertuin?
Zet je schrap en doe vooral je valhelm op:
hier komen Fred en Herman!

Met tekeningen van Walter Donker

ANKE KRANENDONK

Pas op! Hier komt Ramona!
Ik kreeg een rat. Eerst wilde mijn moeder hem niet.
Zo'n vies ding met zo'n enge staart. Maar het viel mee.
Ramona leek een muisje met een lange staart.
Ze groeide snel en leerde kunstjes. Soms nam ik Ramona
mee naar school. Dat leek me leuk voor de vervelende
overblijfjuffen.
Op een dag zat Ramona zomaar op juf Akkes haar. Juf
Maagje greep haar bij haar staart. En liep naar de wc …

Met tekeningen van Bianca Hugens

CEES RUTGERS

Linn gaat erachteraan

In de grote vakantie kunnen alle kindcren gratis
zwemmen. Op een plein, midden in de stad, staat dan
een opblaasbaar zwembad.
Dat is al heel lang zo. Ieder jaar is dat leuke, lekkere
zwembad er weer. Maar dit jaar niet.
Op het plein staan auto's geparkeerd. Nergens is een
zwembad te bekennen.
En iedereen had zich er zo op verheugd!
Kan dat zomaar? Mag dat zomaar?
Linn en Wout zoeken uit hoe het zit.

Met tekeningen van Els van Egeraat

BIES VAN EDE

De laatste elf

De oude mevrouw Jansen is een heks, precies wat
de hele buurt al dacht. Julia, die mevrouw Jansen vaak
bezoekt, heeft al haar boeken over elfen, feeën en
tovenarij al eens bekeken. Wat zou ze graag een elf willen
ontmoeten! Zou mevrouw Jansen een toverspreuk
hebben die daarvoor kan zorgen? Dan ontdekt
Julia de deur in de kelder ...
Mignon is de laatst overgebleven elf in het grote kasteel.
Bijna alles en iedereen is geplet door Comp, de grote
dreiging die steeds dichterbij komt. Zal hij kunnen
ontsnappen? Dan ontdekt hij de deur in de kelder van
het kasteel …

Met tekeningen van Mark Janssen